Inhalt Content Conteúdo Contenu Índice

Alle Übungen trainieren das genaue Betrachten und Zuordnen von Bildern und Formen. U.a. werden gleiche Abbildungen gesucht, Bilder zugeordnet und Gegenstände zusammengesetzt. Die Übungen stärken die Konzentrationsfähigkeit und trainieren das Verknüpfen und Zuordnen.

All the exercises are designed to train the abilities of accurate observation and of matching pictures and shapes. The exercises include: finding the same pictures, connect pictures with each other and putting together objects. They reinforce the children's abilities to concentrate, to associate and to connect objects with each other.

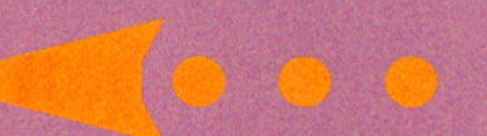

10

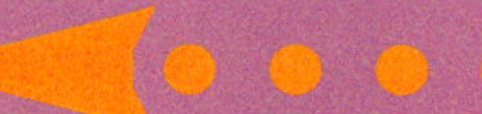

g

7

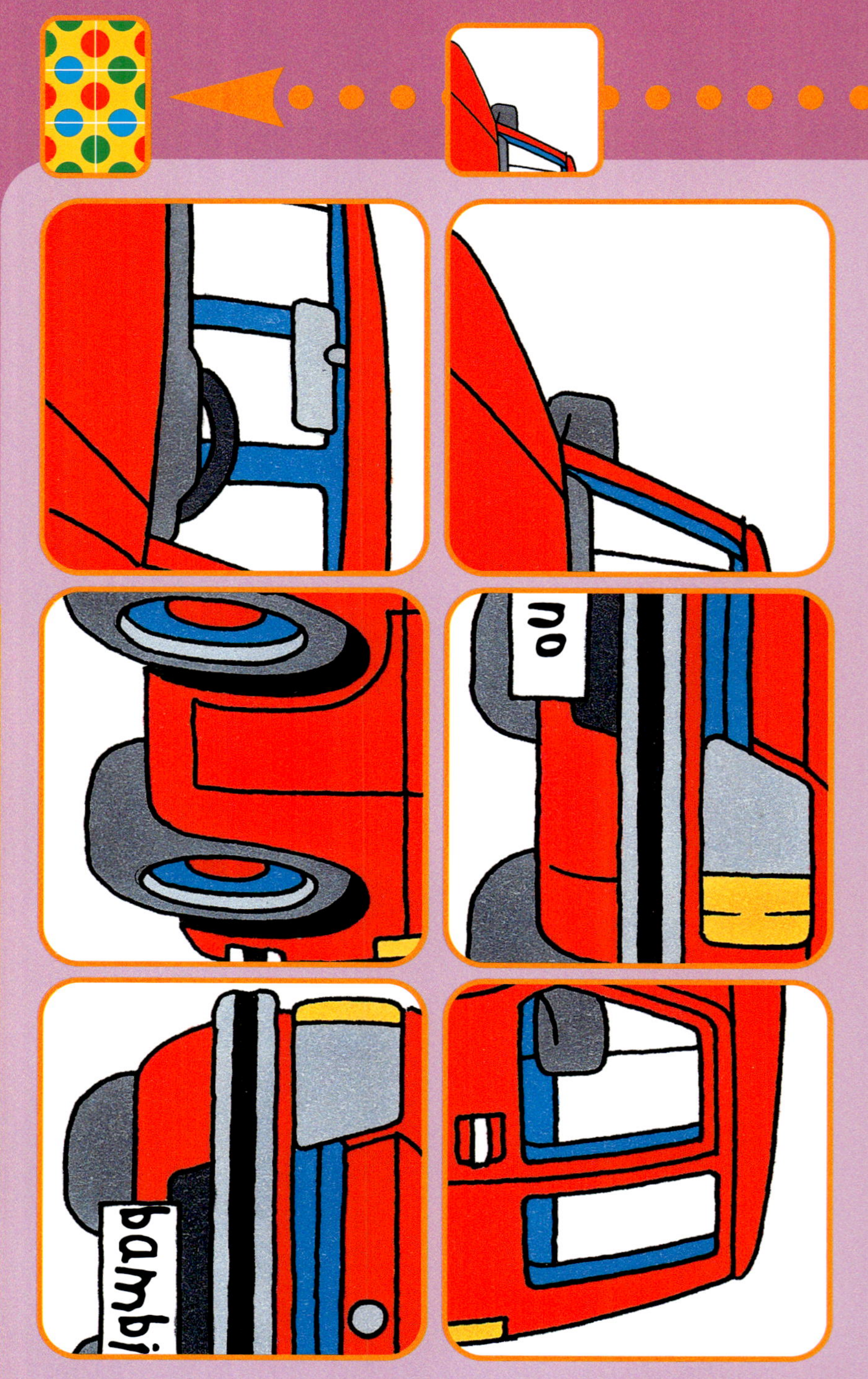

bambino

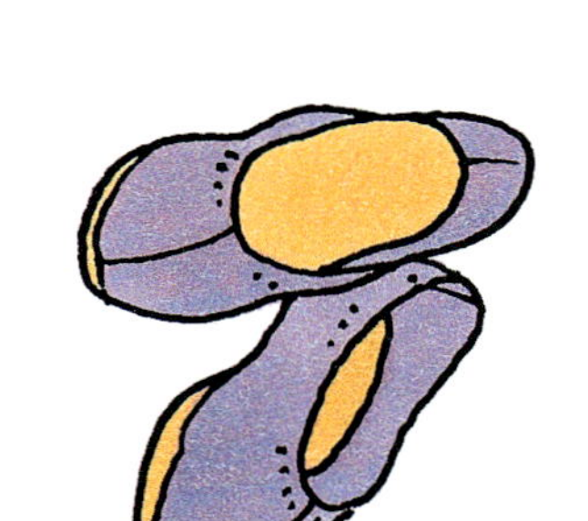
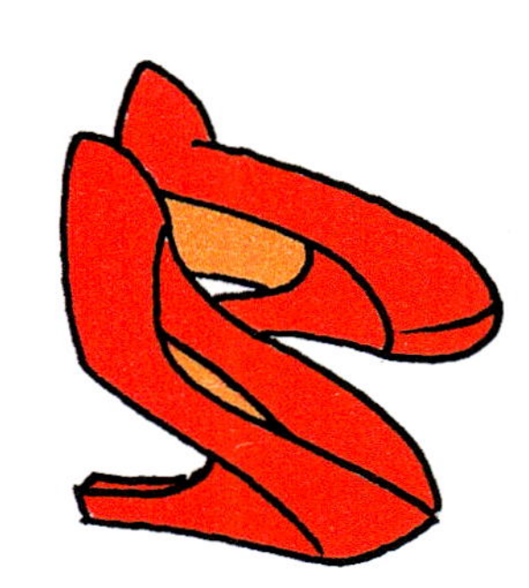

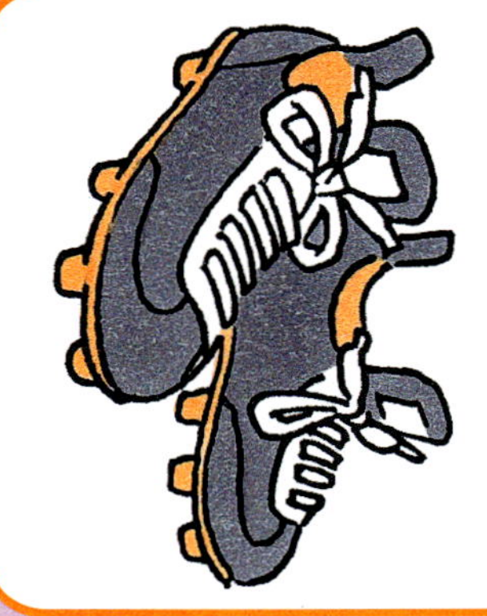

4

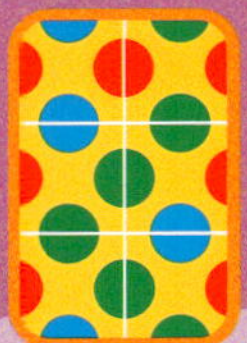

3

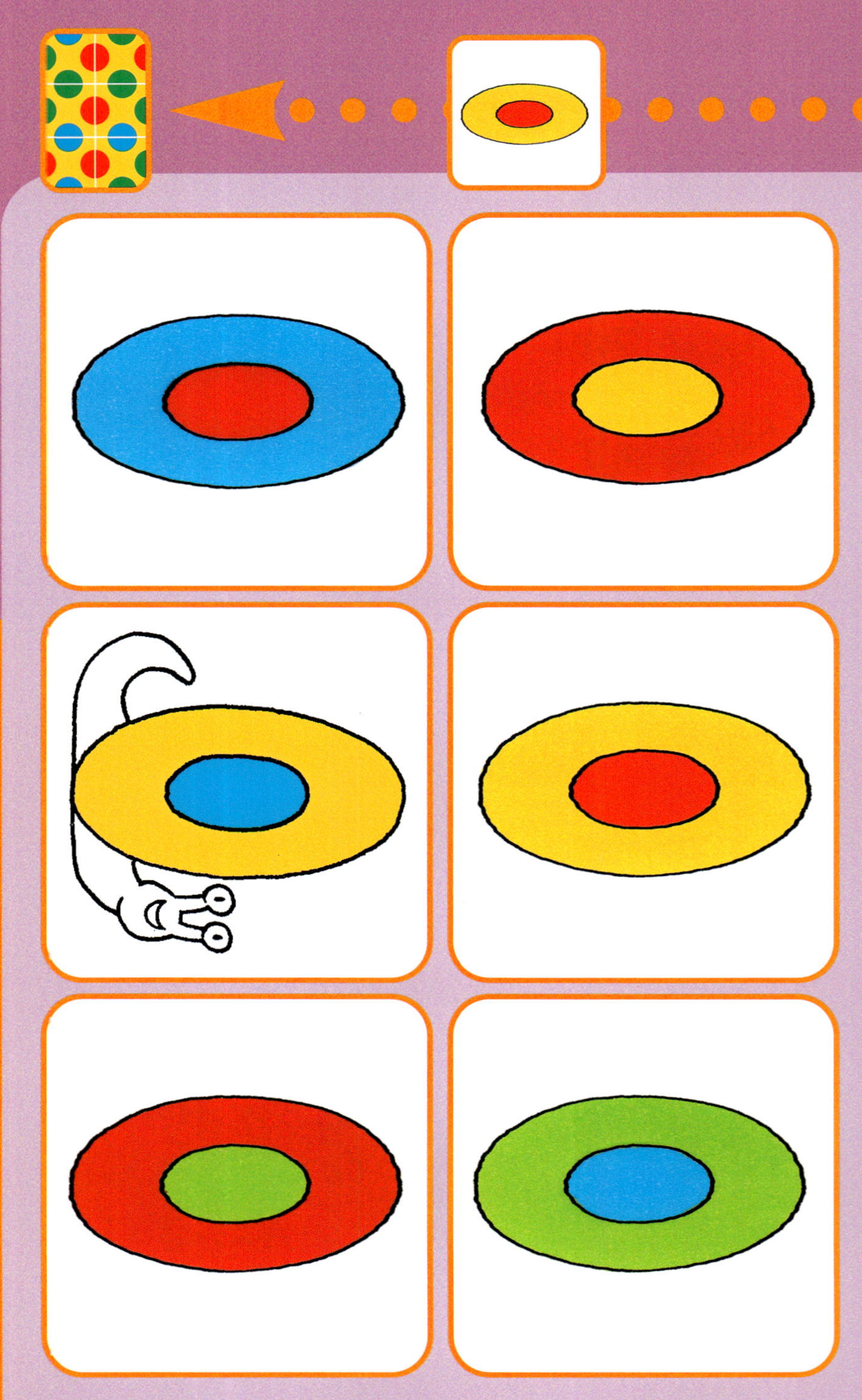

2

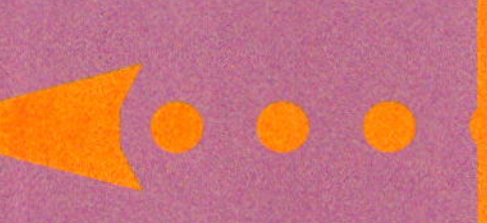

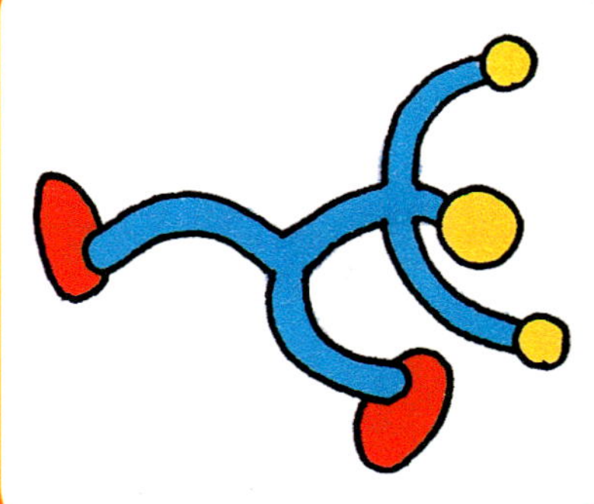

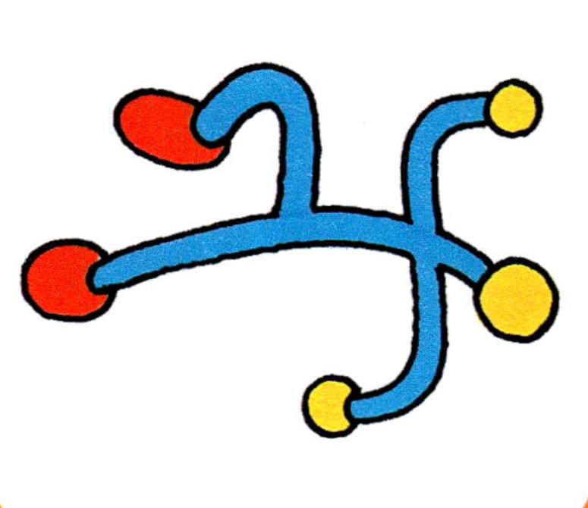
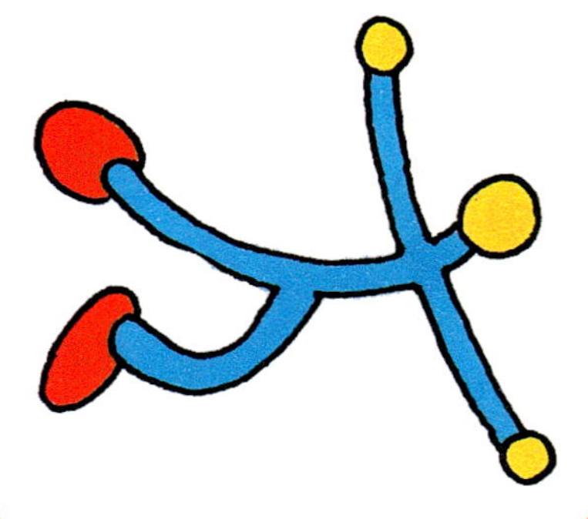

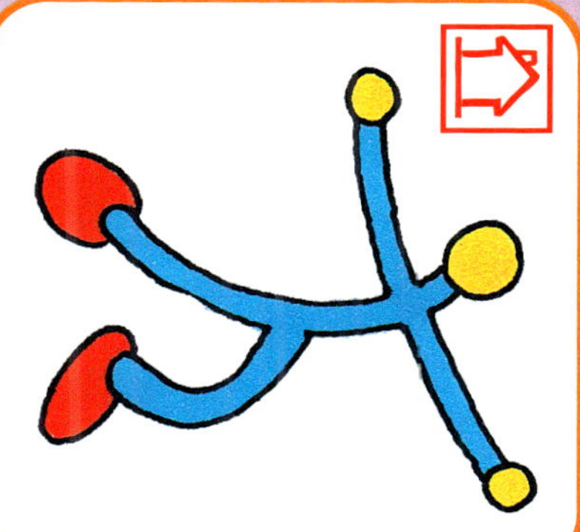

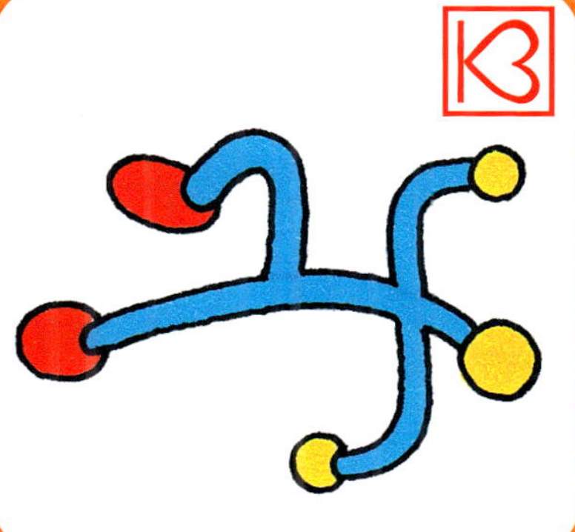
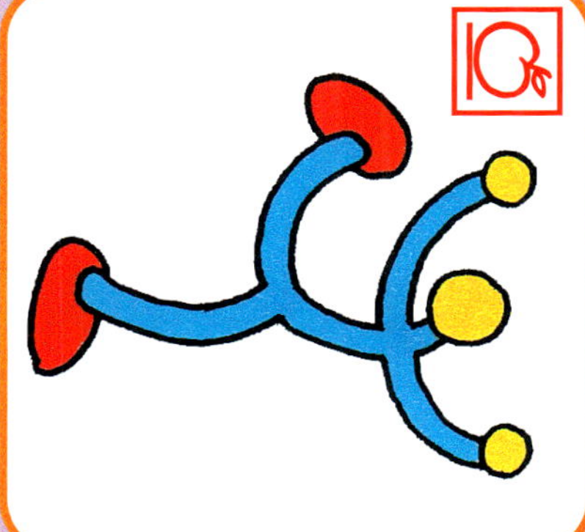

Autor : Michael Junga
Illustrationen: frank behnsen, München
Druck und Verarbeitung: westermann druck GmbH, Braunschweig
ISBN 978-3-89414-**618**-4

It's easy to play with bambinoLÜK:

Open the bambinoLÜK control unit und place it on the open bambinoLÜK workbook. Put the six tiles symbol side up on the exercises with the same symbol, for example the tile with the red symbol 'house' on the exercise with the red symbol 'house' on the upper left hand corner.
When you have placed all the tiles on the exercises, take up the tile with the symbol 'house' and look at the exercise on which it was placed. Which picture underneath matches it? Put the tile on the matching picture. Repeat for the other five tiles and exercises. Close the bambinoLÜK control unit and turn it over. Now you can see the pattern made by the six tiles.

**Everything OK?
And now have fun !**

C'est facile de jouer avec bambinoLÜK:

Ouvre le boîtier de contrôle bambinoLÜK et place-le sur le livret bambinoLÜK ouvert.
Dispose les six cartes avec les symboles face visible sur l'emplacement avec les symboles correspondants, par exemple la carte avec le symbole rouge «maison» sur l'emplacement avec le symbole rouge «maison» en haut à gauche.
Quand tu as disposé toutes les cartes, tu prends la carte symbole «maison» et tu regardes l'image correspondante. Quelle image située en dessous correspond à celle-ci? Pose la carte sur l'image correspondante.
Continue de la même façon avec les cinq cartes et emplacements suivants.
Puis, ferme le boîtier de contrôle bambinoLÜK et tourne-le vers le haut. Maintenant tu peux voir le motif représenté par l'exercice.
Tout est exact ? Amuse-toi bien avec bambinoLÜK !

Así de fácil es jugar con bambinoArco:

Abre el cuaderno de ejercicios y coloca el estuche abierto sobre él, alineando los cuadrados del estuche de soluciones con los del cuaderno. Coloca las fichas con el símbolo hacia arriba en la tapa y en la casilla del cuaderno con el mismo símbolo; por ejemplo, la ficha con el "coche" sobre el "coche" en el cuaderno. Ahora toma la ficha "casa" y mira el ejercicio en el cual estaba situada. ¿Qué dibujo se repite abajo? Coloca la ficha en la parte inferior del estuche, sobre el mismo dibujo.
Repite la operación con las otras cinco fichas. Cierra el estuche y gíralo. Ahora podrás ver que se forma un dibujo, si coincide con el del libro has respondido correctamente. Si coincide con el del libro, has respondido correctamente. Si no, repite otra vez el proceso con las fichas equivocadas.
¡Y ahora diviértete!

É tão fácil jogar bambinoLÜK:

Abra a caixa bambinoLÜK e coloque sobre o caderno de exercícios aberto. Coloque os seis quadrados com símbolos sobre os desenhos correspondentes. Por exemplo, coloque o quadrado com o símbolo da Casa sobre o exercício com o símbolo vermelho Casa (canto superior esquerdo). Quando tiver colocado nos desenhos respectivos, inicie o exercício com o símbolo Casa. Que imagem corresponde a esse exercício? Coloque sobre a sua resposta. Repita o processo para os outros cinco quadrados e exercícios. Depois feche a caixa bambinoLÜK e vire para cima. Você pode agora ver o desenho da solução e o resultado do exercício.
**Acertou?
Então divirta-se!**